Ein Band der Tusculum-Bücher

Frau Olga Vafiadis-Strategos,
der Nachfahrin des ersten, neugriechischen
Übersetzers der Batrachomyomachia
Anton Strategos (1745),
freundschaftlichst zugeeignet

Umschlag: Aus einem römischen Mosaik
1. Auflage 1941. Erstes bis viertes Tausend

DER FROSCH-MÄUSE-KRIEG

(Batrachomyomachia)

———

VERDEUTSCHT

VON

THASSILO VON SCHEFFER

Griechisch-deutsch

———

Ernst Heimeran Verlag München

Frösche:

———

Mäuse:

Artepibulos (V. 238) . . . . Spürbrot
Artophagos (V. 193) . . . . Brotbeiß
Dexenor (V. 197) . . . . Beißmann
Embasichytros (V. 121) . . . . . . Töpfekriecher
Leicharpax (V. 213) . . . . Leckegier
Leichenor (V. 186) . . . . Leckmann
Leichomyle (V. 28) . . . . Leckemehl
Leichopinax (V. 85) . . . . Tellerleck
Listraios (V. 206) . . . . Wühlmann
Meridarpax (V. 237) . . . . Krümeldieb
Psicharpax (V. 24) . . . . Bröseldieb
Pternoglyphos (V. 204) . . . . Schinkenhöhler
Pternotroktes (V. 28) . . . . Schinkenbenager
Troglodytes (V. 189) . . . . Lochmann
Troxartes (V. 27) . . . . Nagebrot
Tyroglyphos (V. 121) . . . . Käsebeiß
Tyrophagos (V. 203) . . . . Käsenascher

———

Ἀρχόμενος πρῶτον Μουσῶν χορὸν ἐξ
    Ἑλικῶνος
ἐλθεῖν εἰς ἐμὸν ἦτορ ἐπεύχομαι εἵνεχ'
    ἀοιδῆς,
ἣν νέον ἐν δέλτοισιν ἐμοῖς ἐπὶ γούνασι
    θῆκα,
δῆριν ἀπειρεσίην, πολεμόκλονον ἔργον
    Ἄρηος,
5 εὐχόμενος μερόπεσσιν ἐς οὔατα πᾶσι
    βαλέσθαι,
πῶς μύες ἐν βατράχοισιν ἀριστεύσαντες
    ἔβησαν,
γηγενέων ἀνδρῶν μιμούμενοι ἔργα Γιγάν-
    των.
Ὡς λόγος ἐν θνητοῖσιν ἔην, τοιήνδ' ἔχεν
    ἀρχήν·
μῦς ποτε διψαλέος γαλέης κίνδυνον
    ἀλύξας
10 πλησίον ἐν λίμνῃ λίχνον **παρέθηκε**
    γένειον,

8

Gleich zu Anfang erfleh ich vom Chor
    der Musen, sie möchten
Eilen vom Helikon mir ins Herz ob mei-
    nes Gesanges,
Den ich auf meinen Knien, erst jüngst
    den Täfelchen eingrub.
Unermeßlichen Streit, kriegstobende Ta-
    ten des Ares
Möchte ich in die Ohren von allen Sterb-
    lichen senken,
Wie sich gegen die Frösche der Mäuse
    Heldenvolk wandte,
Nachzuahmen die Taten der erdgebor-
    nen Giganten.
So unter Menschen erzählt die Sage, und
    das ist der Anfang:
Mäuserich nahte einst durstig, der Katze
    Bedrohung entronnen,
Um in den nahen Teich sein zartes
    Schnäuzchen zu senken

ὕδατι τερπόμενος μελιηδέϊ · τὸν δὲ κατεῖδε
λιμνόχαρις πολύφημος, ἔπος δ' ἐφθέγξατο τοῖον ·
„Ξεῖνε, τίς εἶ; πόθεν ἦλθες ἐπ' ἠιόνας; τίς ὁ φύσας;
πάντα δ' ἀλήθευσον, μὴ ψευδόμενόν σε νοήσω.
15 εἰ γάρ σε γνοίην φίλον ἄξιον, ἐς δόμον ἄξω,
δῶρα δέ τοι δώσω ξεινήια, πολλὰ καὶ ἐσθλά.
εἰμὶ δ' ἐγὼ βασιλεὺς Φυσίγναθος, ὃς κατὰ λίμνην
τιμῶμαι βατράχων ἡγούμενος ἤματα πάντα ·
καί με πατὴρ Πηλεύς ποτ' ἐγείνατο, Ὑδρομεδούσῃ
20 μιχθεὶς ἐν φιλότητι παρ' ὄχθαις Ἠριδανοῖο.
καὶ σὲ δ' ὁρῶ καλόν τε καὶ ἄλκιμον ἔξοχον ἄλλων,
σκηπτοῦχον βασιλῆα καὶ ἐν πολέμοισι μαχητὴν
ἔμμεναι · ἀλλ' ἄγε θᾶσσον ἐὴν γενεὴν ἀγόρευε."

10

Und sich am lieblichen Wasser zu laben.
                    Da aber sah ihn
Ein hellquakender Sümpfler, und klang-
          voll rief er die Worte:
„Fremdling, wer bist du? wie kamst du
          hierher? Wie nennt sich dein Vater?
Künd es getreulich, daß ich dich nicht
          beim Lügen ertappe.
Wenn du als würdiger Freund mir dünkst,
          dann führ ich dich heimwärts;
Werde dir gastliche Gaben gar viele und
          köstliche geben.
Pausback bin ich, der König, der als Ge-
          bieter der Frösche
Hier in diesem Teiche seit langen Tagen
          geehrt wird.
Schlammbold war mein Vater, der mich
          erzeugte, er einte
Mit Teichhilde sich liebend am Rand des
          Eridanos-Stromes.
Dich auch sehe ich stattlich und stark
          vor den anderen allen.
Wohl ein wackerer Kämpe und szepter-
          tragender König
Bist du, und drum wohlan, verkünde
          mir schnell deine Abkunft.“

Τὸν δ' αὖ Ψιχάρπαξ ἀπαμείβετο φώ-
νησέν τε·
25 „Τίπτε γένος τοὐμόν ζητεῖς, φίλε; δῆ-
λον ἅπασιν·
Ψιχάρπαξ μὲν ἐγὼ κικλήσκομαι· εἰμὶ
δὲ κοῦρος
Τρωξάρταο πατρὸς μεγαλήτορος· ἡ δέ
νυ μήτηρ
Λειχομύλη, θυγάτηρ Πτερνοτρώκτου βασι-
λῆος.
γείνατο δ' ἐν καλύβῃ με καὶ ἐξεθρέψατο
βρωτοῖς,
30 σύκοις καὶ καρύοις καὶ ἐδέσμασι παντο-
δαποῖσι.
πῶς δὲ φίλον ποιῇ με, τὸν εἰς φύσιν
οὐδὲν ὁμοῖον;
σοὶ μὲν γὰρ βίος ἐστὶν ἐν ὕδασιν· αὐτὰρ
ἔμοιγε,
ὅσσα παρ' ἀνθρώποις, τρώγειν ἔθος· οὔτι
με λήθει
ἄρτος τρισκοπάνιστος ἀπ' εὐκύκλου κα-
νέοιο
35 οὐδὲ πλακοῦς τανύπεπλος ἔχων πολὺ
σησαμότυρον,
οὐ τόμος ἐκ πτέρνης, οὐχ ἧπατα λευκο-
χίτωνα

12

Bröseldieb sagte darauf und gab dem
andern zur Antwort:
„Warum forschst du nach meinem Ge-
schlecht, das allen bekannt ist?
Bröseldieb bin ich geheißen. Ich bin der
Sprößling des hehren
Vaters Nagebrot, und meine Mutter be-
nennt sich
Leckemehl, edle Tochter des Königs
Schinkenbenager.
Diese gebar mich im Nest und nährte mit
allerlei Speisen
Mich, mit Feigen und Nüssen und vielen
leckeren Dingen.
Wie aber würd' ich dein Freund, da ich so
anders geartet?
Dir verläuft dein Leben im Wasser, ich
aber pflege
Alles gern zu benagen, was bei den Men-
schen, und weder
Wird mir ein zartes Brot im runden
Korbe entgehen,
Noch ein gewalzter Kuchen, bestreut mit
reichlichem Sesam,
Nicht eine Schinkenscheibe, noch Leber
in leuchtender Fettschicht,

13

οὐ τυρὸς νεόπηκτος ἀπὸ γλυκεροῖο γά-
λακτος,
οὐ χρηστὸν μελίτωμα, τὸ καὶ μάκαρες
ποθέουσιν,
οὐδ᾽ ὅσα πρὸς θοίνας μερόπων τεύχουσι
μάγειροι,
40 κοσμοῦντες χύτρας ἀρτύμασι παντο-
δαποῖσι.
οὐ τρώγω ῥαφάνους, οὐ κράμβας, οὐ
κολοκύντας,
οὐ πράσσοις χλωροῖς ἐπιβόσκομαι οὐδὲ
σελίνοις·
ταῦτα γὰρ ὑμέτερ᾽ ἐστὶν ἐδέσματα τῶν
κατὰ λίμνην".
Πρὸς τάδε μειδήσας Φυσίγναθος ἀντίον
ηὖδα·
45 "Ξεῖνε, λίην αὐχεῖς ἐπὶ γαστέρι· ἔστι
καὶ ἡμῖν
πολλὰ καὶ ἐν λίμνῃ καὶ ἐπὶ χθονὶ θαύ-
ματ᾽ ἰδέσθαι·
ἀμφίβιον γὰρ ἔδωκε νομὴν βατράχοισι
Κρονίων,
σκιρτῆσαι κατὰ γαῖαν, ἐν ὕδασι σῶμα
καλύψαι.
εἰ δ᾽ ἐθέλεις καὶ ταῦτα δαήμεναι, εὐχερές
ἐστι·

14

Nicht ein Käse, der eben aus süßer Sahne
geronnen,
Nicht ein Honigkuchen, nach dem selbst
Götter gelüstet,
Nicht, was alles die Köche zum Schmause
der Menschen bereiten,
Wenn sie die Schüsseln und Töpfe mit
mancherlei Zutaten würzen.
Nicht aber eß ich Radieschen, auch kei-
nen Kohl oder Kürbis,
Auch den grünlichen Lauch und auch
den Eppich verschmäh ich.
Sind das doch alles Gerichte für euch Be-
wohner des Weihers."
Lächelnd gab darauf ihm Pausback fol-
gende Antwort:
„Freund, du brüstest dich sehr mit dei-
nem Magen; bei uns auch
Sind der Wunder gar viel im Teich und
am Lande zu schauen.
Hat doch Doppelnatur Kronion den
Fröschen verliehen:
Auf dem Lande zu hüpfen und uns im
Wasser zu bergen.
Willst du dich selbst davon überzeugen,
so ist es ein Leichtes;

50 βαῖνέ μοι ἐν νώτοισι, κράτει δέ με, μή
ποτ᾽ ὀλίσθῃς,

ὅππως γηθόσυνος πρὸς ἐμὸν δόμον εἰσαφί-
κηαι".

Ὡς ἄρ᾽ ἔφη καὶ νῶτ᾽ ἐδίδου· ὁ δ᾽ ἔβαινε
τάχιστα

χεῖρας ἔχων ἀπαλοῖο κατ᾽ αὐχένος ἄμματι
κούφῳ

καὶ πρῶτον μὲν ἔχαιρεν, ὅτ᾽ ἔβλεπε γεί-
τονας ὅρμους,

55 νήξει τερπόμενος Φυσιγνάθου· ἀλλ᾽ ὅτε
δή ῥα

κύμασι πορφυρέοις ἐπεκλύζετο, πολλὰ
δακρύων

οὐρὴν μὲν προπέλασσεν ἐφ᾽ ὕδασιν, ἠύτε
κώπην

σύρων, εὐχόμενος δὲ θεοῖς ἐπὶ γαῖαν
ἱκέσθαι

ἄχρηστον μετάνοιαν ἐμέμφετο, τίλλε δὲ
χαίτας

60 καὶ πόδας ἔσφιγγεν κατὰ γαστέρος, ἐν
δέ οἱ ἦτορ

πάλλετ᾽ ἀηθείῃ· καὶ ἐπὶ χθόνα βούλεθ᾽
ἱκέσθαι,

δεινὰ δ᾽ ὑπεστενάχιζε φόβου κρυόεντος
ἀνάγκῃ.

16

Steige auf meinen Rücken, umklammre
      mich, daß du nicht gleitest
Und mit fröhlichem Mut zu meiner Be-
      hausung gelangest.‟
Sprachs und bot ihm den Rücken, und
      der bestieg ihn behende
Und um den zarten Nacken hielt leicht
      er die Pfoten geschlungen.
Erst ergötzte es ihn, die benachbarten
      Buchten zu schauen,
Über des Pausback Schwimmen erfreut;
      doch wie ihn nun ringsum
Purpurne Wogen umspülten, da rannen
      ihm strömende Tränen,
Und er streckte den Schwanz aufs Was-
      ser, als ob er ein Ruder
Schwenke, und flehte dabei zu den Göt-
      tern um glückliche Landung,
Klagte sich reuevoll an — zu spät — und
      raufte die Haare,
Zog an den Leib die Füße; sein Herz im
      Innern erbebte
Bei dem so Ungewohnten; er wünschte,
      ans Ufer zu kommen.
Schrecklich stöhnte er auf, von schau-
      dernder Angst überwältigt.

οὐχ οὕτω νώτοισιν ἐβάστασε φόρτον
    ἔρωτος
ταῦρος, ὅτ᾿ Εὐρώπην διὰ κύματος ἦγ᾿
    ἐπὶ Κρήτην,
65 ὡς μῦν ὑψώσας ἐπινώτιον ἦγεν ἐς
    οἶκον
βάτραχος ἁπλώσας ὠχρὸν δέμας ὕδατι
    λευκῷ.
Ὕλλος δ᾿ ἐξαπίνης ἀνεφαίνετο, δεινὸν
    δρᾶμα
ἀμφοτέροις· ὀρθὸν δ᾿ ὑπὲρ ὕδατος εἶχε
    τράχηλον,
τοῦτον ἰδὼν κατέδυ Φυσίγναθος οὐχὶ
    νοήσας,
70 οἷον ἑταῖρον ἔμελλεν ἀπολλύμεναι κατα-
    λείπων·
δῦ δὲ βάθος λίμνης καὶ ἀλεύατο κῆρα
    μέλαιναν.
κεῖνος δ᾿ ὡς ἀφέθη, πέσεν ὕπτιος εὐθὺς
    ἐφ᾿ ὕδωρ,
χεῖρας δ᾿ ἔσφιγγεν καὶ ἀπολλύμενος κατ-
    έτριζε.
πολλάκι μὲν κατέδυνεν ὑφ᾿ ὕδατι, πολλάκι
    δ᾿ αὖτε
75 λακτίζων ἀνέδυνε· μόρον δ᾿ οὐκ ἦν ὑπ-
    αλύξαι.

18

So nicht trug der Stier auf seinem Rük-
        ken die teure
Bürde, als er Europa durchs Meer nach
        Kreta entführte,
Wie da der Frosch die Maus auf seinem
        Rücken nach Hause
Führte, den grünlichen Leib auf den
        schimmernden Fluten erhebend.
Plötzlich tauchte empor eine Schlange,
        ein schrecklicher Anblick
Beiden zugleich, und reckte den Hals
        steil über das Wasser.
Kaum sie erblickend, da tauchte schon
        Pausback abwärts, nicht achtend,
Ob er wohl seinen Gefährten dem siche-
        ren Tod überlasse,
Tauchte tief in den Teich und mied das
        grause Verhängnis.
Abgeworfen fiel da Mäuserich rücklings
        ins Wasser,
Preßte die Pfoten zusammen und piepte
        in bangem Verderben.
Oftmals sank er hinab ins Wasser, und
        oftmals auch zappelnd
Rang er sich wieder empor, doch nicht
        entging er dem Tode.

δευόμεναι δὲ τρίχες πλεῖστον βάρος ἦσαν
    ἐπ' αὐτῷ·
ὕδασι δ' ὀλλύμενος τοίους ἐφθέγξατο
    μύθους·
"Οὐ λήσεις δολίως, Φυσίγναθε, ταῦτα
    ποιήσας
ναυηγὸν ῥίψας ἀπὸ σώματος ὡς ἀπὸ
    πέτρης.
80 οὐκ ἄν μου κατὰ γαῖαν ἀμείνων ἦσθα,
    κάκιστε,
παγκρατίῳ τε πάλῃ τε καὶ ἐς δρόμον·
    ἀλλ' ἀπατήσας
εἰς ὕδωρ μ' ἔρριψας· ἔχει θεὸς ἔκδικον
    ὄμμα·
ἦ ποινὴν τίσεις σὺ μυῶν στρατῷ οὐδ'
    ὑπαλύξεις."
"Ὣς εἰπὼν ἀπέπνευσεν ἐν ὕδασι· τὸν δὲ
    κατεῖδε
85 Λειχοπίναξ ὄχθῃσιν ἐφεζόμενος μαλα-
    κῇσι
δεινὸν δ' ἐξολόλυξε, δραμὼν δ' ἤγγειλε
    μύεσσιν.
ὡς δ' ἔμαθον τὴν μοῖραν, ἔδυ χόλος
    αἰνὸς ἅπαντας.
καὶ τότε κηρύκεσσιν ἑοῖς ἐκέλευον, ὑπ'
    ὄρθρον

20

Schwer zog das Gewicht der triefenden
Haare ihn abwärts;
Aber noch im Ertrinken entfuhren ihm
folgende Worte:
„Nimmer, Pausback, bleibt dein tücki-
sches Handeln verborgen,
Da du mich scheiternd vom Rücken wie
von einem Felsen geschleudert.
Wärest du doch zu Lande nicht stärker
gewesen, du Feigling,
Nicht im Allkampf, im Ringen, im Wett-
lauf, so aber tückisch
Rissest du mich ins Wasser. Doch Gott
hat strafende Augen:
Rache steht dir bevor vom Mäuseheer,
nimmer entrinnst du.‘‘
Sprachs und verhauchte sein Leben im
Wasser. Aber es sah ihn
Tellerleck, der dort saß am sanften Ufer-
gelände.
Fürchterlich schrie er auf und lief, es den
Mäusen zu melden.
Als sie das Unheil vernahmen, ergrimm-
ten sie alle gewaltig,
Und sie befahlen sofort den Herolden,
noch in der Frühe

κηρύσσειν ἀγορὴν ἐς δώματα Τρωξάρταο,

90 πατρὸς δυστήνου Ψιχάρπαγος, ὃς κατὰ
λίμνην
ὕπτιος ἐξήπλωτο, νεκρὸν δέμας, οὐδὲ
παρ' ὄχθαις
ἦν ἤδη τλήμων, μέσσῳ δ' ἐπενήχετο
πόντῳ.
ὡς δ' ἦλθον σπεύδοντες ἅμ' ἠοῖ, πρῶτος
ἀνέστη
Τρωξάρτης ἐπὶ παιδὶ χολούμενος εἶπέ
τε μῦθον·

95 „Ὦ φίλοι, εἰ καὶ μοῦνος ἐγὼ κακὰ
πολλὰ πέπονθα
ἐκ βατράχων, ἡ πεῖρα κακὴ πάντεσσι
τέτυκται.
εἰμὶ δὲ νῦν ἐλεεινός, ἐπεὶ τρεῖς παῖδας
ὄλεσσα.
καὶ τὸν μὲν πρῶτόν γε κατέκτανεν
ἁρπάξασα
ἐχθίστη γαλέη, τρώγλης ἔκτοσθε λα-
βοῦσα.

100 τὸν δ' ἄλλον πάλιν ἄνδρες ἀπηνέες ἐς
μόρον εἷλξαν
καινοτέραις τέχναις ξύλινον δόλον ἐξευ-
ρόντες,

22

Alle zur Volksversammlung in Nage-
      brots Haus zu versammeln,
Vater des Bröseldieb, des unglückseli-
      gen, der nun
Rücklings tot auf dem Weiher die Glie-
      der streckte; der Arme
Trieb an das Ufer noch nicht, noch
      schwamm er inmitten der Fluten.
Wie sie nun so in der Frühe sich eilig
      nahten, erhob sich
Nagebrot gleich voll Zorn ob seines Kin-
      des und sagte:
„Freunde, obwohl nur ich von diesen
      Fröschen so arges
Leid erfahren, so gilt doch allen dies
      schlimme Beginnen.
O, ich Bejammernswerter, mir gingen
      drei Söhne zugrunde:
Meinen ältesten raubte und tötete dieser
      verruchte
Feind, die Katze, sie packte ihn fern von
      dem schützenden Loche.
Aber der zweite darauf fiel tückischen
      Menschen zum Opfer,
Die einen hölzernen Trug ganz neuge-
      artet erfunden,

ἣν παγίδα καλέουσι, μυῶν ὀλέτειραν
    ἐοῦσαν.
ὃς τρίτος ἦν, ἀγαπητὸς ἐμοὶ καὶ μητέρι
    κεδνῇ,
τοῦτον ἀπέπνιξεν Φυσίγναθος ἐς βυθὸν
    ἄξας.
105 ἀλλ᾽ ἄγεθ᾽ ὁπλίζεσθε καὶ ἐξέλθωμεν
    ἐπ᾽ αὐτοὺς
σώματα κοσμήσαντες ἐν ἔντεσι δαιδα-
    λέοισιν".
Ταῦτ᾽ εἰπὼν ἀνέπεισε καθοπλίζεσθαι
    ἅπαντας.
κνημῖδας μὲν πρῶτον ἐφήρμοσαν ἐς δύο
    μοίρας
ῥήξαντες κυάμους χλωροὺς εὖ τ᾽ ἀσκή-
    σαντες,
110 οὓς αὐτοὶ διὰ νυκτὸς ἐπιστάντες κατ-
    έτρωξαν.
θώρηκας δ᾽ εἶχον καλαμορραφέων ἀπὸ
    βυρσῶν,
οὓς γαλέην δείραντες ἐπισταμένως ἐποίη-
    σαν.
ἀσπὶς δ᾽ ἦν λύχνου τὸ μεσόμφαλον· ἡ
    δέ νυ λόγχη
εὐμήκης βελόνη, παγχάλκεον ἔργον
    Ἄρηος·

24

Den sie Falle genannt, die nun der Mäuse
     Verderben.
Aber den dritten, geliebt von mir und der
     sorglichen Mutter,
Den erstickte nun Pausback und riß ihn
     hinab in die Tiefe.
Auf denn! Waffnen wir uns und ziehen
     wir ihnen entgegen,
Wenn wir zuvor den Leib mit schimmern-
     der Rüstung umkleidet.“
Sprachs und beredete alle, sofort zu den
     Waffen zu greifen.
Ihre Beine umhüllten sie erst mit Schie-
     nen; sie hatten
Grünliche Schoten dazu vorher gespal-
     ten und kunstvoll
Hergerichtet, nachdem sie des Nachts
     die Bohnen zerknabbert.
Harnische hatten die Mäuse aus rohr-
     durchflochtenen Fellen,
Die sie geschickt verfertigt von einer ent-
     häuteten Katze.
Lampendeckel dienten als Schilde, aber
     die Lanzen
Waren gewaltige Nadeln, des Ares eher-
     nes Rüstzeug,

115 ἡ δὲ κόρυς τὸ λέπυρον ἐπὶ κροτάφοις
ἐρεβίνθου.
Οὕτω μὲν μύες ἦσαν ἐν ὅπλοις· ὡς δ'
ἐνόησαν
βάτραχοι, ἐξανέδυσαν ὑφ' ὕδατος, ἐς δ'
ἕνα χῶρον
ἐλθόντες βουλὴν ξύναγον πολέμοιο κακοῖο.
σκεπτομένων δ' αὐτῶν πόθεν ἡ στάσις
ἢ τίς ὁ θρύλλος,
120 κῆρυξ ἐγγύθεν ἦλθε, φέρων σκῆπτρον
μετὰ χερσί,
Τυρογλύφου υἱὸς μεγαλήτορος Ἐμβασί-
χυτρος,
ἀγγέλλων πολέμοιο κακὴν φάτιν εἶπέ τε
μῦθον·
„Ὦ βάτραχοι, μύες ὕμμιν ἀπειλήσαντες
ἔπεμψαν
εἰπεῖν ὁπλίζεσθαι ἐπὶ πτόλεμόν τε μάχην
τε.
125 εἶδον γὰρ καθ' ὕδωρ Ψιχάρπαγα, ὃν
κατέπεφνεν
ὑμέτερος βασιλεὺς Φυσίγναθος. ἀλλὰ
μάχεσθε,
οἵτινες ἐν βατράχοισιν ἀριστῆες γε-
γάατε“.

26

Und an den Schläfen der Helm bestand
 aus Schalen von Nüssen.
Also standen die Mäuse in Waffen. Aber
 die Frösche
Sahen es und enttauchten dem Wasser;
 sie eilten auf einen
Fleck zusammen, um dort den schreck-
 lichen Kampf zu beraten.
Als sie fragten, woher solch Lärm und
 Aufruhr entstünde,
Nahte sich schon ein Herold und trug
 den Stab in den Händen;
Töpfekriecher, der Sohn des erhabenen
 Käsebeiß war es,
Und er vermeldete Krieg, die leidige
 Botschaft, und sagte:
„Frösche, mich haben die Mäuse mit
 drohender Kunde entsendet,
Daß ihr die Waffen ergreift zu Krieg und
 Schlachtengetümmel.
Sahen sie auf dem Wasser doch Brösel-
 dieb schrecklich ermordet
Von euerm König Pausback. Drum auf!
 beginnet zu kämpfen,
Die ihr im Volk der Frösche euch als die
 Tapfersten brüstet.“

Ὣς εἰπὼν ἀπέφηνε· λόγος δ' εἰς οὔατα
πάντων
εἰσελθὼν ἐτάραξε φρένας βατράχων ἀγε-
ρώχων·
130 μεμφομένων δ' αὐτῶν Φυσίγναθος εἶπεν
ἀναστάς·
„Ὦ φίλοι, οὐκ ἔκτεινον ἐγὼ μῦν οὐδὲ
κατεῖδον
ὀλλύμενον· πάντως δ' ἐπνίγη παίζων
περὶ λίμνην,
νήξεις τὰς βαρτάχων μιμούμενος· οἱ δὲ
κάκιστοι
νῦν ἐμὲ μέμφονται τὸν ἀναίτιον. ἀλλ'
ἄγε βουλὴν
135 ζητήσωμεν, ὅπως δολίους μύας ἐξολέ-
σωμεν.
τοιγὰρ ἐγών, ἐρέω, ὥς μοι δοκεῖ εἶναι
ἄριστα.
σώματα κοσμήσαντες ἐν ὅπλοις στῶμεν
ἅπαντες
ἄκροις πὰρ χείλεσσιν, ὅπου κατάκρημνος
ὁ χῶρος·
ἡνίκα δ' ὁρμηθέντες ἐφ' ἡμέας ἐξέλ-
θωσι,
140 δραξάμενοι κορύθων, ὅστις σχεδὸν ἀντίος
ἔλθοι,

Also verkündete er, da drang die Bot-
    schaft in aller
Mutiger Frösche Ohr und ließ ihre Her-
    zen erbeben,
Und sie lärmten; doch da erhob sich
    Pausback und sagte:
„Freunde, den Mäuserich habe nicht ich
    ermordet, auch sah ich
Nicht, wie er starb, denn sicher ertrank
    er spielend am Teiche,
Nachzuahmen das Schwimmen der Frö-
    sche. Aber die Schurken,
Jetzt verklagen sie mich, der doch nicht
    schuldig. Wohlan denn,
Laßt uns beraten, wie wir die trugvollen
    Mäuse verderben.
Ich aber werde verkünden, was mich das
    Beste bedünke:
Unsere Leiber hüllend in Waffen stellen
    wir alle
Uns an das Ufer des Teiches, da wo die
    Hänge am steilsten.
Wenn sie dann aber nahn und stürmisch
    gegen uns dringen,
Packen wir sie an den Helmen, ein jeder
    gerade den nächsten,

ἐς λίμνην αὐτοὺς σὺν ἐκείνῳ εὐθὺ
βάλωμεν.

οὕτω γὰρ πνίξαντες ἐν ὕδασι τοὺς ἀκο-
λύμβους

στήσομεν εὐθύμως τὸ μυοκτόνον ὧδε
τρόπαιον. "

Ὣς εἰπὼν ἀνέπεισε καθοπλίζεσθαι
ἅπαντας.

145 φύλλοις μὲν μαλαχῶν κνήμας ἑὰς ἀμφε-
κάλυψαν,

θώρηκας δ' εἶχον καλλιχλώρων ἀπὸ
σεύτλων,

φύλλα δὲ τῶν κραμβῶν εἰς ἀσπίδας εὖ
ἤσκησαν,

ἔγχος δ' ὀξύσχοινος ἑκάστῳ μακρὸς
ἀρήρει

καὶ ῥα κέρα κοχλιῶν λεπτῶν ἐκάλυπτε
κάρηνα.

150 φραξάμενοι δ' ἔστησαν ἐπ' ὄχθαις
ὑψηλῇσι

σείοντες λόγχας, θυμοῦ δ' ἔμπλητο
ἕκαστος.

Ζεὺς δὲ θεοὺς καλέσας εἰς οὐρανὸν
ἀστερόεντα

καὶ πολέμου πληθὺν δείξας κρατερούς
τε μαχητάς,

30

Und dann werfen wir stracks sie mit dem
Herold ins Wasser
Und ersäufen sie so im Sumpf, denn sie
können nicht schwimmen.
Freudig errichten wir dann dem Mäuse-
morde ein Denkmal.‘‘
Sprachs und beredete alle, sofort zu
den Waffen zu greifen.
Erst mit Malvenblättern umhüllten sie
alle die Schenkel,
Panzer taten sie an aus schönem, grün-
lichem Mangold,
Blätter von Kohl benutzten sie dann zu
kunstvollen Schilden,
Jedem diente als Speer eine spitze, mäch-
tige Binse,
Und ihre Häupter bedeckten die dünnen
Gehäuse von Schnecken.
Also standen gerüstet sie auf dem steilen
Gestade,
Schwangen die Speere, und jeder war voll
von brennender Kampflust.
Zeus aber rief die Götter im Sternen-
himmel zusammen,
Zeigte ihnen des Kampfes Gewühl und
die mächtigen Streiter,

πολλοὺς καὶ μεγάλους ἠδ' ἔγχεα μακρὰ
φέροντας,
155 οἷος Κενταύρων στρατὸς ἔρχεται ἠὲ
Γιγάντων,
ἡδὺ γελῶν ἐρέεινε· „τίνες βατράχοισιν
ἀρωγοὶ
ἠ μυσὶ τειρομένοις;" καὶ Ἀθηναίην προ-
σέειπεν·
„Ὦ θύγατερ, μυσὶν ἦ ῥ' ἐπαλεξήσουσα
πορεύσῃ;
καὶ γάρ σου κατὰ νηὸν ἀεὶ σκιρτῶσιν
ἅπαντες
160 κνίσῃ τερπόμενοι καὶ ἐδέσμασι παντο-
δαποῖσιν".
Ὣς ἄρ' ἔφη Κρονίδης· τὸν δὲ προσέειπεν
Ἀθήνη·
„Ὦ πάτερ, οὐκ ἄν πώποτ' ἐγὼ μυσὶ
τειρομένοισιν
ἐλθοίην ἐπαρωγός, ἐπεὶ κακὰ πολλά μ'
ἔοργαν
στέμματα βλάπτοντες καὶ λύχνους εἵνεχ'
ἐλαίου.
165 τοῦτο τέ μοι λίην ἔδακε φρένας οἷον
ἔρεξαν.
πέπλον μου κατέτρωξαν, ὃν ἐξύφηνα
καμοῦσα

32

Groß und viel an Zahl und riesige Speere
 in Händen,
Gleich als nahe ein Heer der Kentauren
 oder Giganten.
Lachend fragte er dann, wer wohl von
 den Göttern die Frösche
Oder die Mäuse in Not beschirme, und
 sprach zu Athene:
,,O meine Tochter, du eilst doch sicher
 den Mäusen zu helfen?
Denn die springen doch immer in deinen
 Tempeln in Scharen,
Über die Düfte erfreut und die reichliche
 Speise beim Opfer.''
Also sprach der Kronide, und ihm er-
 widerte Pallas:
,,Vater, ich würde nie den Mäusen in
 ihrer Bedrängnis
Hilfe zu leisten eilen; sie taten mir vie-
 lerlei Böses,
Wenn sie die Kränze zerstört und die
 Lampen wegen des Öles.
Das aber kränkt am meisten mein Herz,
 was neulich sie taten:
Sie zernagten das Kleid, das ich doch
 selber mit Mühe

ἐκ ῥοδάνης λεπτῆς καὶ στήμονα μακρὸν
ἔνησα,

τρώγλας δ᾽ ἐμποίησαν· ὁ δ᾽ ἠπητής μοι
ἐπέστη

— χρησαμένη γὰρ ἔνησα καὶ οὐκ ἔχω
ἀνταποδοῦναι —

170 καὶ πράσσει με τόχον· τὸ δὲ ῥίγιον
ἀθανάτοισιν.

ἀλλ᾽ οὐδ᾽ ὣς βατράχοισιν ἀρηγέμεν οὐκ
ἐθελήσω.

εἰσὶ γὰρ οὐδ᾽ αὐτοὶ φρένας ἔμπεδοι, ἀλλά
με πρῴην

ἐκ πολέμου ἀνιοῦσαν, ἐπεὶ λίην ἐκο-
πώθην,

ὕπνου δευομένην οὐκ εἴασαν θορυ-
βοῦντες

175 οὐδ᾽ ὀλίγον καταμῦσαι· ἐγὼ δ᾽ ἄυπνος
κατεκείμην

τὴν κεφαλὴν ἀλγοῦσα, ἕως ἐβόησεν
ἀλέκτωρ·

ἀλλ᾽ ἂγ᾽ ἀποσχώμεσθα, θεοί, τούτοισιν
ἀρήγειν,

μή νύ τις ἡμείων τρωθῇ βέλει ὀξυό-
εντι·

εἰσὶ γὰρ ἀγχέμαχοι, εἰ καὶ θεὸς ἀντίος
ἔλθοι·

34

Aus einem zarten Gespinst und feinem
    Einschlag gewoben,
Und sie durchlöcherten es. Nun aber
    preßt mich der Schneider —
Webt ich es doch auf Borg und vermag
    es nun nicht zu bezahlen —
Und nun verlangt er den Zins. Das ist
    doch schmählich für Götter.
Ebensowenig aber begehr ich den Frö-
    schen zu helfen,
Denn auch auf ihre Rücksicht ist kein
    Verlaß: wie ich neulich
Heimwärts kehrte vom Kampf und war
    noch entsetzlich ermattet
Und bedurfte des Schlafs, da gönnte ihr
    wildes Gequake
Mir nicht die mindeste Ruh. Nun lag ich,
    ohne zu schlafen,
Bis zum Krähen des Hahns und hatte
    schreckliches Kopfweh.
Laßt uns lieber, ihr Götter, auf alle Hilfe
    verzichten,
Daß sie nicht einen von uns mit spitzen
    Geschossen verwunden,
Denn sie drängen sich selbst einem Gott
    gegenüber zum Kampfe.

180 πάντες δ' οὐρανόθεν τερπώμεθα δῆριν
   ὁρῶντες".
"Ως ἄρ' ἔφη καὶ τῇ γ' ἐπεπείθοντο θεοὶ
   ἄλλοι.
πάντες δ' αὖτ' εἰσῆλθον ἀολλέες εἰς ἕνα
   χῶρον.
καὶ τότε κώνωπες, μεγάλας σάλλπιγγας
   ἔχοντες,
δεινὸν ἐσάλπιγξαν πολέμου κτύπον· οὐρανόθεν δὲ
185 Ζεὺς Κρονίδης βρόντησε, τέρας πολέμοιο
   κακοῖο.
Πρῶτος δ' Ὑψιβόας Λειχήνορα οὔτασε
   δουρί,
ἑσταότ' ἐν προμάχοις, κατὰ γαστέρα ἐς
   μέσον ἧπαρ.
κὰδ δ' ἔπεσε πρηνής, ἀπαλὰς δ' ἐκό-
   νισσεν ἐθείρας.
Τρωγλοδύτης δὲ μετ' αὐτὸν ἀκόντισε
   Πηλείωνος,
190 πῆξεν δ' ἐν στέρνῳ στιβαρὸν δόρυ· τὸν
   δὲ πεσόντα
εἷλε μέλας θάνατος, ψυχὴ δ' ἐκ σώματος
   ἔπτη.
Σευτλαῖος δ' ἄρ' ἔπεφνε βαλὼν κέαρ
   Ἐμβασίχυτρον

36

Laßt uns alle vom Himmel den Anblick
des Kampfes genießen.‘‘
Also sprach sie, und ihr gehorchten die
anderen Götter;
Alle scharten sich gleich an einem Platze
zusammen;
Und da ließen nun Mücken mit großen
Drommeten in Händen
Schmetterndes Kriegesgetön erschallen.
Aber vom Himmel
Donnerte Zeus Kronion zum Zeichen des
schrecklichen Krieges.
Erst traf Schreihals den Leckmann, der
unter den Vordersten kämpfte,
Stechend mit seinem Speer in den Leib
und durchbohrte die Leber:
Häuptlings stürzte er hin und bestäubte
die seidigen Haare.
Lochmann warf hierauf die Lanze gegen
den Pfützler;
Fest stak ihm in der Brust der wuch-
tende Speer. Den Gefallnen
Packte der finstere Tod, sein Mund ver-
hauchte die Seele.
Rübling stieß ins Herz den Töpfekriecher
zu Tode,

Αρτοφάγος δὲ Πολύφωνον κατὰ γαστέρα
τύψεν·
ἤριπε δὲ πρηνής, ψυχὴ μελέων δ᾿ ἐξέπ-
τη.
195 Λιμνόχαρις δ᾿ ὡς εἶδεν ἀπολλύμενον
Πολύφωνον,
Τρωγλοδύτην ἁπαλοῖο δι᾿ αὐχένος οὖτασ᾿
ἐπιφθάς.
Δηξήνωρ δ᾿ αὐτοῖο τιτύσκετο δουρὶ φα-
εινῷ
καὶ βάλεν οὐδ᾿ ἀφάμαρτε καθ᾿ ἧπατος·
ὡς δ᾿ ἐνόησε
Κραμβοφάγον φεύγοντα, βαθείαις ἔμ-
πεσεν ὄχθαις·
200 ἀλλ᾿ οὐδ᾿ ὡς ἀπέληγε μάχης, ἀλλ᾿ ἤλα-
σεν αὐτόν·
κάππεσε δ᾿ οὐδ᾿ ἀνέπνευσεν· ἐβάπτετο
δ᾿ αἵματι λίμνη
πορφυρέῳ, αὐτὸς δὲ παρ᾿ ἠιόν᾿ ἐξετα-
νύσθη,
Τυροφάγον Λιμναῖος ἐπ᾿ ὄχθαις ἐξενά-
ριξε,
Πτερνογλύφον δ᾿ ἐσιδὼν Καλαμίνθιος
ἐς φόβον ἦλθεν,
205 ἥλατο δ᾿ ἐς λίμνην φεύγων, τὴν ἀσπίδα
ῥίψας.

38

Brotbeiß aber traf den Bauch des erlie-
      genden Vielquak;
Häuptlings stürzte er hin, und den Glie-
      dern enteilte die Seele.
Pfützefreund, wie er sah, daß Vielquak
      tödlich erlegen,
Rannte herbei und traf im zarten Nak-
      ken den Lochmann.
Aber auf Pfützefreund zielte nun Beiß-
      mann mit schimmernder Lanze,
Warf und verfehlte ihn nicht und traf die
      Leber, und als er
Kohlfraß flüchtig erblickte, da sprang er
      hinunter ans Ufer;
Dort auch gab er den Kampf nicht auf
      und verfolgte den andern.
Kohlfraß fiel und schnappte nicht mehr,
      und mit purpurnem Blute
Färbte er rings den Teich und streckte
      am Ufer die Glieder.
Teichmann indessen erschlug den Käse-
      nascher am Ufer,
Minzmann aber erblickte den Schinken-
      höhler, und bebend
Warf er den Schild zu Boden und flüch-
      tete sich in den Weiher.

Λιστραῖον δ᾽ ἄρ᾽ ἔπεφνεν ἀμύμων Βορ-
βοροχοίτης
χερμαδίῳ πλήξας κατὰ βρέγματος· ἐγ-
κέφαλος δὲ
ἐκ ῥινῶν ἔσταξε, παλάσσετο δ᾽ αἵματι
γαῖα.
Λειχοπίναξ δ᾽ ἔκτεινεν ἀμύμονα Βορ-
βοροχοίτην,
210 ἔγχει ἐπαΐξας· τὸν δὲ σκότος ὄσσε
κάλυψεν.
Πρασσαῖος δ᾽ ἐσιδὼν ποδὸς εἵλκυσε νεκ-
ρώσαντα,
ἐν λίμνῃ δ᾽ ἀπέπνιξε κρατήσας χειρὶ
τένοντα.
Λειχάρπαξ δ᾽ ἤμυν᾽ ἑτάρου πέρι τεθ-
νειῶτος
καὶ βάλε Πρασσαῖον κατὰ νηδύος ἐς
μέσον ἧπαρ·
215 πῖπτε δέ οἱ πρόσθεν, ψυχὴ δ᾽ Ἀϊδόσδε
βεβήκει.
Κραμβοβάτης δ᾽ ἐσιδὼν πηλοῦ δράκα
ῥῖψεν ἐπ᾽ αὐτὸν
καὶ τὸ μέτωπον ἔχρισε καὶ ἐξετύφλου
παρὰ μικρόν.
ὠργίσθη δ᾽ ἄρ᾽ ἐκεῖνος, ἑλὼν δέ τε χειρὶ
παχείῃ

40

Und der untad'lige Schlammruh erschlug
       den Wühlmann: er traf ihn
Mit einem Stein am Schädel, da quoll
       das Gehirn aus der Nase
Ihm hervor, und Blut besudelte trop-
       fend die Erde.
Tellerleck seinerseits erschlug den un-
       tad'ligen Schlammruh,
Stürmend mit seinem Speer, und Dun-
       kel umflorte sein Auge.
Grünling sah es und packte den Mörder
       zerrend am Fuße,
Faßte ihn dann am Nacken und ließ ihn
       im Weiher ersticken.
Leckegier aber versuchte den toten Ge-
       fährten zu rächen;
Grünling traf er wider den Leib und
       durchbohrte die Leber;
Vor ihm brach er zu Boden, die Seele
       enteilte zum Hades.
Kohlsteig, als er das sah, nahm Schlamm
       und warf ihn und salbte
So dem Gegner die Stirn, er hätt' ihn bei-
       nahe geblendet.
Leckegier aber ergrimmte und raffte mit
       nervigen Fäusten

κείμενον ἐν πεδίῳ λίθον ὄβριμον, ἄχθος
ἀρούρης.
220 τῷ βάλε Κραμβοβάτην ὑπὸ γούνατα·
πᾶσα δ' ἐκλάσθη
κνήμη δεξιτερή, πέσε δ' ὕπτιος ἐν κο-
νίῃσι.
Κραυγασίδης δ' ἤμυνε καὶ αὖθις βαῖνεν
ἐπ' αὐτόν,
τύψε δέ μιν μέσσην κατὰ γαστέρα· πᾶς
δέ οἱ εἴσω
ὀξύσχοινος ἔδυνε, χαμαὶ δ' ἔκχυντο
ἅπαντα
225 ἔγκατ' ἐφελκομένῳ ὑπὸ δούρατι χειρὶ
παχείῃ·
Τρωξάρτης δ' ἔβαλεν Φυσίγναθον ἐς πόδα
ἄκρον·
σκάζων δ' ἐκ πολέμου ἀνεχάζετο, τείρετο
δ' αἰνῶς·
ἥλατο δ' ἐς τάφρον, ὅππως φύγοι αἰπὺν
ὄλεθρον.
Τρωξάρτης δ' ὡς εἶδεν ἔθ' ἡμίπνουν
προπεσόντα,
230 ἦλθε διὰ προμάχων καὶ ἀκόντισεν ὀξέϊ
σχοίνῳ·
οὐ δ' ἔρρηξε σάκος, σχέτο δ' αὐτοῦ δου-
ρὸς ἀκωκή.

42

Einen gewaltigen Stein vom Boden, des
    Ackers Belastung,
Und traf wider das Knie den Feind, daß
    diesem das rechte
Schienbein ganz zerbrach, er stürzte
    rücklings zu Boden.
Quakerich eilte zu Hilfe und warf sich
    wider den Gegner
Und durchbohrte ihm mitten den Leib,
    es fuhr ihm die Binse
Tief ins Innre hinein; ihn schleifte der
    Sieger mit starker
Faust am Speere, so daß ihm alle Ge-
    därme entquollen.
Nagebrot aber traf nun vorn am Fuße
    den Pausback,
Daß er hinkend dem Kampfe entwich,
    von Schmerzen gepeinigt,
Und er sprang in den Graben und floh
    das schlimme Verhängnis.
Als aber Nagebrot sah, daß der Gefallne
    noch lebte,
Sprang er noch einmal vor, die scharfe
    Lanze entsendend,
Ohne den Schild zu durchbrechen, drin
    steckte die Spitze des Speeres,

τοῦ δ᾽ ἔβαλε τρυφάλειαν ἀμύμονα καὶ
τετράχυτρον
δῖος Ὀριγανίων, μιμούμενος αὐτὸν
Ἄρηα,
ὃς μόνος ἐν βατράχοισι ἀρίστευεν καθ᾽
ὅμιλον ·
285 ὥρμησαν δ᾽ ἄρ᾽ ἐπ᾽ αὐτόν · ὁ δ᾽ ὡς ἴδεν,
οὐχ ὑπέμεινεν
ἥρωας κρατερούς, ἀλλ᾽ ἔνδυ βένθεσι
λίμνης.
Ἦν δέ τις ἐν μυσὶ παῖς Μεριδάρπαξ,
ἔξοχος ἄλλων,
ἀγχέμαχος, φίλος υἱὸς ἀμύμονος Ἀρτεπι-
βούλου ·
οὗτος ἀναρπάξαι βατράχων γενεὴν ἐπ-
απείλει.
240 καὶ ῥήξας καρύοιο μέσην ῥάχιν ἐς δύο
μοίρας,
φράγδην ἀμφοτέροισι κενώμασι χεῖρας
ἔθηκεν ·
ἀγχοῦ δ᾽ ἔστηκεν μενεαίνων ἶφι μά-
χεσθαι.
οἱ δὲ τάχος δείσαντες ἔβαν πάντες κατὰ
λίμνην.
Καὶ νύ κεν ἐξετέλεσσεν, ἐπεὶ μέγα οἱ
σθένος ἦεν,

Aber gegen den Helm, den herrlichen,
    vierfach beknauften,
Traf den Nagebrot nun der Bitterling,
    Ares vergleichbar,
Der allein von den Fröschen sich im Ge-
    tümmel hervortat.
Diesen bestürmten sie nun, doch als er es
    merkte, entwich er
Vor den gewaltigen Helden und sprang
    in die Tiefe des Weihers.
War da unter den Mäusen ein Bursche,
    verwegen vor allen,
Krümeldieb, vorn im Kampf, ein Sohn
    des trefflichen Spürbrot;
Der vermaß sich, er wolle die Sippe der
    Frösche vertilgen.
In zwei Hälften zerteilte er in der Mitte
    die Walnuß,
Und zum Schutze barg er in beiden
    Schalen die Hände,
Und schon trat er heran und gierte nach
    wildem Gemetzel.
Angstvoll strebten da alle geschwind
    dem Weiher entgegen.
Und er hätt' es vollendet in seiner ge-
    waltigen Stärke,

245 εἰ μὴ ἄρ' ὀξὺ νόησε πατὴρ ἀνδρῶν τε
θεῶν τε.

καὶ τότ᾽ ἀπολλυμένους βατράχους ῷκτειρε
Κρονίων·

κινήσας δὲ κάρη τοίην ἐφθέγξατο φω-
νήν·

„Ὦ πόποι, ἦ μέγα ἔργον ἐν ὀφθαλμοῖσιν
ὁρῶμαι·

οὐ μικρὸν πλήσσει Μεριδάρπαξ, ὃς κατὰ
λίμνην

250 ἅρπαξ ἐν βατράχοισιν ἀμείβεται· ἀλλὰ
τάχιστα

Παλλάδα πέμψωμεν πολεμόκλονον ἢ καὶ
Ἄρηα,

οἵ μιν ἐπισχήσουσι μάχης κρατερόν περ
ἐόντα.“

Ὣς ἄρ᾽ ἔφη Κρονίδης· Ἥρη δ᾽ ἀπαμείβετο μύθῳ,

„Οὔτ᾽ ἄρ᾽ Ἀθηναίης, Κρονίδη, σθένος
οὔτε Ἄρηος

255 ἰσχύει βατράχοισιν ἀμυνέμεν αἰπὺν ὄλεθρον.

ἀλλ᾽ ἄγε πάντες ἴωμεν ἀρηγόνες· ἢ τὸ
σὸν ὅπλον

κινείσθω· οὕτω γὰρ ἁλώσεται, ὅς τις
ἄριστος,

46

Hätt' es nicht klar erkannt der Vater der
Götter und Menschen;
Und Kronion erbarmte sich der gefähr-
deten Frösche,
Wiegte bedächtig das Haupt und ließ
sich also vernehmen:
„Wehe, da muß mein Auge gar große
Dinge erblicken;
Dieser Krümeldieb wütet nicht wenig;
am Rande des Teiches
Rafft er die Frösche dahin. Da wollen
wir schleunig die große
Kriegerin Pallas Athene entsenden oder
auch Ares,
Daß sie, so stark er auch sei, den Helden
am Kampfe verhindern."
Also sprach der Kronide, doch ihm er-
widerte Hera:
„Weder Athenes Kraft, o Zeus, noch
die Stärke des Ares
Wären imstande, die Frösche vor jähem
Verderben zu retten.
Eilen wir alle ihnen zu Hilfe oder ent-
sende
Dein Geschoß, denn das vernichtet die
tapfersten Helden;

ὥς ποτε καὶ Καπανῆα κατέκτανες ὄβριμον ἄνδρα
καὶ μέγαν Ἐγκέλαδον καὶ ἄγρια φῦλα
Γιγάντων".
260 Ὣς ἄρ' ἔφη· Κρονίδης δ' ἔβαλε ψολόεντα
κεραυνόν.
πρῶτα μὲν ἐβρόντησε, μέγαν δ' ἐλέλιξεν
Ὄλυμπον,
αὐτὰρ ἔπειτα κεραυνόν, ἀεὶ μαλερὸν
Διὸς ὅπλον,
ἧκ' ἐπιδινήσας· ὁ δ' ἄρ' ἔπτατο χειρὸς
ἄνακτος.
πάντας μέν ῥ' ἐφόβησε βαλὼν βατράχους
τε μύας τε·
265 ἀλλ' οὐδ' ὣς ἀπέληγε μυῶν στρατός,
ἀλλ' ἔτι μᾶλλον
ἔλπετο πορθήσειν βατράχων γένος αἰχμη-
τάων,
εἰ μὴ ἀπ' Οὐλύμπου βατράχους ἐλέησε
Κρονίων,
ὃς τοῖς φθειρομένοισιν ἀρωγοὺς εὐθὺς
ἔπεμψεν.
Ἦλθον δ' ἐξαίφνης νωτάκμονες, ἀγκυλο-
χῆλαι,
270 λοξοβάται, στρεβλοί, ψαλιδόστομοι, ὀστ-
ρακόδερμαι,

Wie du den Kapaneus einst, den gewal-
tigen Krieger, vernichtet
Und des Enkelados Wucht und das wilde
Geschlecht der Giganten."
Sprachs; da griff der Kronide nach sei-
nem versengenden Blitzstrahl.
Erstlich donnerte er, daß die Höhn des
Olympos erbebten,
Dann aber warf er den Blitz, Zeus' stets
entsetzliche Waffe,
Zuckend hinab, und der entflog den Hän-
den des Herrschers.
Alle erschreckte der Wurf, die Frösche
sowohl wie die Mäuse.
Aber auch so nicht ließ das Heer der
Mäuse vom Kampfe,
Nein, sie strebten noch wilder, die streit-
baren Frösche zu tilgen,
Fühlte nicht Zeus vom Himmel herab
mit den Fröschen Erbarmen,
Und den Bedrängten sandte sogleich er
rettende Helfer:
Plötzlich nahten sich da Krummscherige,
Panzerbedeckte,
Quergänger, schielenden Blicks, mit
Scheren und schalenbehäutet,

ὀστοφυεῖς, πλατύνωτοι, ἀποστίλβοντες ἐν
ὤμοις,
βλαισοί, χειλοτένοντες, ἀπὸ στέρνων ἐσ-
ορῶντες,
ὀκτάποδες, δικάρηνοι, ἀχειρέες — οἱ δὲ
καλεῦνται
καρκίνοι — οἵ ῥα μυῶν οὐρὰς στομά-
τεσσιν ἔκοπτον
275 ἠδὲ πόδας καὶ χεῖρας. ἀνεγνάμπτοντο
δέ λόγχαι.
τοὺς καὶ ὑπέδδεισαν δειλοὶ μύες οὐδ᾽ ἔτ᾽
ἔμειναν,
ἐς δὲ φυγὴν ἐτράποντο· ἐδύσετο δ᾽ ἥλιος
ἤδη
καὶ πολέμου τελετὴ μονοήμερος ἐξετε-
λέσθη.

Knochige, Rückenbreite mit glänzenden,
    schillernden Schultern,
Rüsselstreckende Grätscher, Brustäugi-
    ge, stelzenden Ganges,
Doppelköpfige Wesen, achtfüßige, aber
    doch handlos,
Krebse genannt. Die kniffen die Mäuse
    sogleich in die Schwänze
Und in die Beine und Pfoten; die Lan-
    zen wurden verbogen.
Furcht vor ihnen packte die Mäuse, sie
    hielten nicht länger
Stand und ergriffen die Flucht; schon
    sank die Sonne hernieder,
Und so wurde der Krieg in einem Tage
    beendet.

Nachwort

Das griechische Miniaturepos des Froschmäusekrieges (Batrachomyomachia) hat eine
solche Fülle von Literatur- und Meinungs-
verschiedenheiten philologischer wie ästhe-
tischer Art hervorgerufen, man ist ihm mit
so schwerem Geschütz zu Leibe gegangen,
daß der naive, harmlos-komische Reiz zerstört und kaum etwas bewiesen wurde. Selbst
wo es den Gelehrten ein wohlwollendes
Schmunzeln entlockt hat, fehlt ihnen doch
diese echt-griechische, prickelnde Freude am
Spott.

Daß die kleine Dichtung dem Homer selbst
als Parodie seiner eigenen Epen ernsthaft zu-
geschrieben wurde (so schon mehrfach im
Altertum, z. B. bei Statius, Martial usw. und
dann immer betonter bis in die byzantinische
Zeit), ist natürlich ganz irrtümlich, ohne daß
mit einer solchen Feststellung schon geklärt
wird, welcher Zeit und welchem Autor die
lustige Parodie wirklich angehören könnte.
Wie stark das Altertum an die Autorschaft
Homers, dem ja möglichst alles Epische
kollektiv zugeschoben wurde, tatsächlich
glaubte, beweist auch das Relief des Arche-
laos von Priene, die sogenannte „Apotheose
Homers", das sich jetzt im Britischen Mu-
seum in London befindet. Hier sind schon die

Mäuse als kleine Attribute beigefügt, und selbst Goethe spricht davon. Die Verschiebung der Entstehung bis in die alexandrinische Zeit geht aber wohl zu weit; man neigt heute, wenn auch nicht unbestritten, zu der Annahme, daß der Dichter P i g r e s aus Halikarnass (also ein Karier gleich Herodot), ein Bruder der Königin Artemisia, der Verfasser sei, und zwar um die Zeit der Schlacht von Salamis, was ja eine ganz pikante Stoffdeutung der Parodie ergeben würde. Verwiesen wird auf die Hypothese in einer fälschlich dem Plutarch zugeschriebenen Schrift „Über die Bosheit Herodots" und ferner in dem biographischen Lexikon des byzantinischen Sammlers Suidas (um 960 n. Chr.).

Für die poetische Wertung sind solche Behauptungen ja ziemlich belanglos; man halte sich an die Dichtung selbst, und da wird man am besten an die vielen Beziehungen denken, die die griechische Poesie zur Tierwelt aufweist, wie sie auch die Gleichnisse Homers so beachtungsstark zeigen. Auch hat es eine Menge leider meist verlorener Tiermärchen gegeben; einen nur matten Widerhall davon finden wir in den Tierfabeln, die aber mit ihrer stets lehrhaften Absicht sehr den ursprünglichen Reiz und auch die richtige Beobachtung behindern. Bei den dem Äsop zugeschriebenen Fabeln finden sich fünf Dichtungen über Mäuse und zehn über Frösche. Diese beiden Kleintiere erschienen demnach den Griechen als recht geeignete Objekte poetischer Scherze oder Allegorien. Zeitliche Parallelen für diese Epoche liegen also vor. Gottlob ist unser Froschmäusekrieg von moralischen Tendenzen so gut wie frei. Er bleibt eine scherzhafte, kurze, leichtwiegende Parodie der Ilias, ohne sie zu travestieren

oder die spielerische Absicht ins Breite aus-
zudehnen. Harmloser Humor, eine kleine gro-
teske Laune haben hier das hohe Pathos der
Heldendichtung von der Schilderung der
Heroen und ihrer Taten auf eine lustige Fabel
aus dem Reiche der kleinen Tierwelt übertragen und erzielen durch solchen ungeheuer-
lichen Aufwand für einen winzigen Vorgang
eine sehr komische Wirkung.

Die vielfachen Erörterungen über den
Froschmäusekrieg lassen viel zu sehr einen
Hinblick auf die große Spottlust der Griechen gerade in improvisierter Dichtung oder
z. B. auf all die genialen Tollheiten des auch die
Tierwelt heranziehenden Aristophanes ver-
missen, dem solch unverhältnismäßige Wi-
dersprüche zwischen Stil und Stoff eine helle
Lust waren und der damit die Zuhörer zu
verständnisvollem Beifall und lautem Ge-
lächter hinriß.

In unserem kleinen Epos ist die Satire
nicht einmal so stark; man muß es harmlos
nehmen, nicht zu viel hineinlegen; auch der
poetische Wert steht weit hinter der Komö-
die zurück, aber gerade in dem schmalen In-
halt gegenüber der pompösen Aufmachung
liegt der „Spaß“. Denn nur ein solcher ist das
Miniaturepos; auch die Behandlung der
Götterszenen ist keine irreligiöse Verhöh-
nung, wie man oft gemeint hat, sondern eine
absichtliche Übertreibung ins Triviale von
ähnlichen homerischen Burlesken des Olymp.
Es tat diese Einstellung ja auch der Be-
liebtheit der Dichtung, sogar ihrer Benutzung
als Schulbuch, gar keinen Abbruch. Sie wurde
immer wieder verbreitet, ja nachgeahmt, und
gerade in dem Umstand, daß wir eine unver-
hältnismäßig große Anzahl von Handschriften des Froschmäusekrieges besitzen, liegt

der Grund einer bedenklichen variablen Text-
unsicherheit. Bis in die byzantinische Zeit
wurde das Gedicht immer wieder gelesen, in
der Schule benutzt, aber leider auch erwei-
tert, mit ungehörigen Zusätzen versehen und
teils fälschlich kommentiert. Die beste Handschrift aus dem 11. Jahrhundert liegt in der
Lorenzobibliothek in Florenz, eine etwas
spätere in der Ambrosiana in Mailand.

Wie fast alle griechischen Dichtungen nach
der Eroberung von Konstantinopel durch die
Türken unter Mohammed II. 1453 mit den
flüchtenden Gelehrten einen Rettungsweg
nach Süditalien suchten (auch Homer, Nonnos usw. strömten erst damals in das Abend-
land ein), so auch die Batrachomyomachia.
Man ersieht hier die Wertschätzung der Dichtung, die noch stärker daraus hervorgeht, daß
der Froschmäusekrieg als erstes aller griechischen Literaturwerke in Italien gedruckt
wurde (Venedig 1486). Schon wenige Jahre
später schlich sich das kleine Epos als Bei-
fügung in die ersten Homerdrucke, wo es auch
noch spät im 18. Jahrhundert seinen so wenig berechtigten Platz wahrte.

Wie die Parodie in Byzanz in der Schule
gelesen wurde, so nahm sie selbst Melan-
chthon (gest. 1560) gleich als Lesestoff mit
seinen Schülern durch und versah die Dichtung mit Anmerkungen. Die ins 17. Jahrhundert überleitenden Jahrzehnte neigten ja
bereits und dann immer stärker in der deutschen Literatur zur Satire, auch mit Benutzung der Tierwelt, und so wurde am bekann-
testen der „Froschmeusler" von Rollenhagen
(1595), allerdings in stark zeitlich beding-
ter und ausgedehnter Erweiterung mit vielen politischen aktuellen Anspielungen, was
schon daraus hervorgeht, daß der Umfang

56

zu 10 000 Versen wuchs, und daß Luther und
der Papst in die Maskierung der Tiergestal-
ten hineingezogen wurden. Der Knittelvers
wie bei Hans Sachs kam der Übertragung
sehr zustatten.

Die Batrachomyomachia hat sehr viele
Übersetzungen gefunden; daß sich auch
Christian von Stolberg (gest. 1821) unter den
Übertragern befindet, mag uns bei einem
Freund Goethes, der auch um die kleine Parodie wußte und sich ja selbst im Reineke
Fuchs dem Tierepos zuwandte, nicht wun-
dern. Man kann die zahlreichen Verdeut-
schungen nicht sehr geglückt nennen, sie
kranken meist an philologischer Überbeto-
nung auf Kosten der deutschen Sprache. Am
besten ist die von P. Mitzschke und stark
darauf fußend die von M. Oberbreyer. Vor
allem mangelte es an einer wirklich authen-
tischen, kritischen Textausgabe. Diese hat
uns nun A. Ludwich, der endlich auch den
Dionysiaka des Nonnos die grundlegende
philologische Textausgabe schenkte, 1896
gegeben.

Unsere Verdeutschung fußt auf der Aus-
gabe von J o s. G r ö s c h l (Friedek 1910),
die sich ganz eng an Ludwich anschließt, aber
bei einigen doch allzu strittigen Konjekturen
lieber auf den Text von Abel (1886) zurück-
geht. Infolge der Benutzung und Betonung so
vieler verschiedener Handschriften schwankt
sogar die Anzahl der Verse um beinahe vierzig
Hexameter; der Überschuß wurde als meist
falsche spätere Beigaben entlarvt. Auch das
moderne Hellas hat sich nicht abhalten lassen, den Froschmäusekrieg ins Neugriechi-
sche zu übertragen und dem Kreise seiner
Fabeln, Satiren usw. zuzufügen. A n t o n
S t r a t e g o s (Venedig 1745) und J o h a n -

n e s V i l a r a s (um 1820) seien hier beson-
ders genannt. Diese Übersetzungen haben die
Batrachomyomachia aufs neue zu einem
Volksbuch auf klassischem Boden gemacht.

Die endlos vielen lateinischen und auch
französischen Übersetzungen interessieren
uns hier weniger; daß aber der große Lyriker
Graf L e o p a r d i (gest. 1837) eine Übersetzung ins Italienische schuf, dürfte ver-
merkt werden, ebenso wie C h a p m a n (gest.
1636) und A l e x a n d e r P o p e (London
1721) englische Übertragungen herausgaben,
während L o p e d e V e g a den Froschmäusekrieg in einem „Katzenkrieg" wenig-
stens nachahmte (1618). —

Nicht reizlos wäre es natürlich, unmittel-
bare Parallelen einzelner Verse und Situatio-
nen der Ilias im Genaueren anzugeben, aber
die Übereinstimmung liegt weit mehr in ein-
zelnen Wendungen, Ausdrücken, Bildern, die
sich nicht so losgelöst wortdeckend gegen-
überstellen lassen. Daß der Eingang mit dem
Anruf der Musen stark an Hesiod anklingt,
ist deutlich. Auch Vers 16 erscheint ähnlich
in den großen Epen, ebenso Vers 21, wie auch
Vers 25 stark an Ilias VI, 145 anklingt und
Vers 96 einem ähnlichen Ausruf des Priamos
entspricht. Ganz genau wissenschaftlich über-
prüft ist diese Abhängigkeit bei G. W. Walte-
math: De batrachomyomachiae origine, na-
tura etc. (Stuttgart 1880).

Hier also ganze Versparallelen anzuführen,
ist nicht gut angängig. Man kann ja anneh-
men, daß jeder Leser dieser kleinen Dichtung
in seinem Homer gut Bescheid weiß, zumin-
dest Klang und Ausdrucksweise deutlich im
Ohr hat. So wird denn ein Kenner der großen
Epen]bei der Lektüre der Batrachomyomachia stets ein Lächeln spüren und oft ganz.

überrascht sein, mit welcher spielenden Gewandtheit Tonfall und Ausdruck parodiert werden.

Mit einem schulmeisterlich-philiströsen Schmunzeln ist hier wenig gewonnen, aber für einen wirklich humorvollen, unbefangenen Leser, besonders einen, der den nicht immer leicht zutage tretenden Humor des Altertums in seiner eigenen Art zu spüren weiß, wird die Lektüre des Froschmäusekrieges ein Quell des Vergnügens sein, auf das er bei unserer pathetischen Distanz und Verehrung gegenüber dem Altertum nicht ohne weiteres gefaßt gewesen sein mag.

Berlin 1941.

Thassilo von Scheffer

H o m e r , dessen Ilias in dem Froschmäuse-Krieg parodiert wird, liegt in einer vollständigen Übertragung von Thassilo von Scheffer in der ,,Sammlung" der Dieterichschen Verlagsbuchhandlung in wiederholter Neuauflage zweibändig vor. In diesen Ausgaben auch die Liste der zahlreichen Werke Thassilo von Scheffers, vor allem auch zur Antike.

Anmerkungen

V. 2. Helikon: Dies Gebirge in Boiotien gilt als Heimat der Musen.

V. 3. Täfelchen: Gemeint sind die wachsbezogenen Schreibtafeln.

V. 9. Mäuserich: Da es sich hier um den Sohn des Mäusekönigs handelt, wäre die Übersetzung „eine Maus" wegen der im Deutschen weiblichen Form unangebracht.

V. 9. Katze: Das griechische Wort kann auch das Wiesel bedeuten, und da die Katze erst später in Hellas heimisch wurde, mag die Übersetzung „Wiesel" die korrektere sein. Gleichwohl wurde hier das Wort Katze, unserer Anschauung entsprechend, gewählt.

V. 19. Peleus (Schlammbold): Der Dichter, der Πηλεύς zweifellos von πηλός „Schlamm" ableitet, spielt aber ebensogut auf den homerischen Peleus an: Wie dieser der Vater des großen Helden Achilles, so ist jener der Vater des Froschkönigs Physignatos, der in der Batrachomyomachia keine geringere Rolle spielt als Achill in der Ilias!

V. 20. Eridanos: Der sagenhafte Strom, in den auch Phaëthon stürzte, und der vielfach im Mythos vorkommt. Später wurde er u. a. mit dem Po gleichgesetzt.

60

V. 25. Komische Parodie der Antwort des Glaukos an Diomedes, Ilias VI, 145, wie überhaupt viele Stellen und Versteile wörtlich Homer entnommen sind und an ihn anklingen (z. B. gleich V. 13, 162 usw.), wobei gerade der Eindruck des Hochtrabenden in trivialer Form lächerlich wirken soll.

V. 35. Sesam: Eine ostindische Pflanze, deren Same als Brei genossen wurde und die auch ein gutes Öl liefert.

V. 41 ff.: Die hier erwähnte Nahrung der Frösche trifft naturwissenschaftlich nicht zu.

V. 47. Kronion: Hier und an vielen Stellen. Es ist der Beiname des Zeus als Sohn des Kronos.

V. 63 ff.: Die Anspielung auf die Entführung der sidonischen Königstochter Europa durch Zeus in Stiergestalt, der mit der Jungfrau von Phönizien nach Kreta schwamm, wirkt hier sehr grotesk.

V. 81. Allkampf: Das Pankration war die Vereinigung von Faustkampf und Ringkampf. Diese Vorstellung für eine Maus ist natürlich besonders komisch; die ganze Stelle hat wieder stark homerischen Anklang (Odysseus bei den Phaiaken).

V. 97: Wieder homerisch nach der Klage des Priamos.

V. 99. Katze: Siehe die Bemerkung zu V. 9. Ebenso V. 112, wo die Bedeutung allerdings auch „Wiesel" sein kann.

V. 108 ff.: Die Waffnung ist wieder eine sehr lustige Parodie ähnlicher Schilderungen im Heldenepos.

V. 109. Schoten: Also die entleerten Schalen der Bohnen.

V. 111. Rohrdurchflochten: Mit Rohr gefügt, rohrgenäht, eine uns etwas unklare Vorstellung.

V. 113. Lampendeckel: Die Öllämpchen hatten in der Mitte einen kleinen Deckel zum Auslöschen des glimmenden Dochtes.

V. 141. Mit dem Herold: Wie mir scheint, eine etwas erzwungene Konjektur, die auch nicht durchweg die gleiche handschriftliche Grundlage hat.

V. 164. Kränze: Kann auch heißen: die Binden.

V. 231: Diese Stelle ist, wie viele, in der Handschrift sehr verderbt, die Konjekturen sind verschieden und strittig.

V. 240 ff.: Was hier eigentlich gemeint ist, ist nicht ganz klar. Die verschiedenen Erklärungen befriedigen nicht.

V. 258. Kapaneus: Einer der sieben Helden vor Theben, den Zeus mit dem Blitz erschlug.

V. 259. Enkelados: Einer der hundertarmigen Giganten, Sohn des Tartaros und der Gaia, auf den nach seiner Besiegung von Zeus die Insel Sizilien gewälzt wurde.

V. 274: Es handelt sich hier wohl nicht um Krebse in unserem Sinne, sondern gemeint sind Taschenkrebse, Krabben; doch möchte die Übersetzung — wie schon bei „Katze" (V. 9 und V. 99) bemerkt — in unserem Vorstellungskreis bleiben.

AESOPISCHE FABELN

zusammengestellt

und ins Deutsche übertragen

von August Hausrath

mit einer Abhandlung:
DIE AESOPLEGENDE

Urtext und Übertragung

———

152 Seiten, Ganzleinen RM. 4.—

Ernst Heimeran Verlag München

Druck von H. Laupp jr, Tübingen